BEI GRIN MACHT SICH IHR WISSEN BEZAHLT

- Wir veröffentlichen Ihre Hausarbeit, Bachelor- und Masterarbeit

- Ihr eigenes eBook und Buch - weltweit in allen wichtigen Shops

- Verdienen Sie an jedem Verkauf

Jetzt bei www.GRIN.com hochladen und kostenlos publizieren

Günes Korkmaz

Regionale Innovationsnetzwerke - Eine Betrachtung aus Sicht der Prinzipal-Agent-Theorie

GRIN Verlag

Bibliografische Information der Deutschen Nationalbibliothek:

Die Deutsche Bibliothek verzeichnet diese Publikation in der Deutschen Nationalbibliografie; detaillierte bibliografische Daten sind im Internet über http://dnb.d-nb.de/ abrufbar.

Dieses Werk sowie alle darin enthaltenen einzelnen Beiträge und Abbildungen sind urheberrechtlich geschützt. Jede Verwertung, die nicht ausdrücklich vom Urheberrechtsschutz zugelassen ist, bedarf der vorherigen Zustimmung des Verlages. Das gilt insbesondere für Vervielfältigungen, Bearbeitungen, Übersetzungen, Mikroverfilmungen, Auswertungen durch Datenbanken und für die Einspeicherung und Verarbeitung in elektronische Systeme. Alle Rechte, auch die des auszugsweisen Nachdrucks, der fotomechanischen Wiedergabe (einschließlich Mikrokopie) sowie der Auswertung durch Datenbanken oder ähnliche Einrichtungen, vorbehalten.

Impressum:

Copyright © 2011 GRIN Verlag GmbH
Druck und Bindung: Books on Demand GmbH, Norderstedt Germany
ISBN: 978-3-640-91777-8

Dieses Buch bei GRIN:

http://www.grin.com/de/e-book/172052/regionale-innovationsnetzwerke-eine-betrachtung-aus-sicht-der-prinzipal-agent-theorie

GRIN - Your knowledge has value

Der GRIN Verlag publiziert seit 1998 wissenschaftliche Arbeiten von Studenten, Hochschullehrern und anderen Akademikern als eBook und gedrucktes Buch. Die Verlagswebsite www.grin.com ist die ideale Plattform zur Veröffentlichung von Hausarbeiten, Abschlussarbeiten, wissenschaftlichen Aufsätzen, Dissertationen und Fachbüchern.

Besuchen Sie uns im Internet:

http://www.grin.com/

http://www.facebook.com/grincom

http://www.twitter.com/grin_com

„Regionale Innovationsnetzwerke – Eine Betrachtung aus Sicht der Prinzipal-Agent-Theorie"

Günes I. Korkmaz

Inhaltsverzeichnis

Abbildungsverzeichnis II

Abkürzungsverzeichnis III

1 Einleitung 1

2 Theoretische Grundlagen 2

    2.1 Innovationsnetzwerke 2

    2.2 Prinzipal-Agent-Theorie 3

3 Regionale Innovationsnetzwerke und ihre Bedeutung 7

    3.1 Aufbau und Entwicklung eines Innovationsnetzwerkes 7

    3.2 Gründe für regionale Innovationsnetzwerke 9

        3.2.1 Nutzung komplementären Wissens und Risikoteilung 9

        3.2.2 Zeit- und Wettbewerbsvorteile 10

    3.3 Gefahren für regionale Innovationsnetzwerke 11

        3.3.1 Risiko, Unsicherheit und opportunistisches Verhalten ... 11

        3.3.2 Kooperation unter Informationsasymmetrie 13

4 Fazit 15

Anhang IV

Literaturverzeichnis V

Abbildungsverzeichnis

Abb.1: Überblick der Prinzipal-Agent-Theorie IV

Abb.2: Phasenweiseentwicklung eines Netzwerkes IV

Abb.3: Gefangenendilemma IV

Abkürzungsverzeichnis

PAT   Prinzipal-Agent Theorie

TAK   Transaktionskostentheorie

Netzwerk   auch regionale Innovationsnetzwerke gemeint

1 Einleitung

Die Zeiten, in denen Leistungsattribute sowie Produktdiversität und Marktanteile ausschlaggebende Kriterien für den Erfolg von Unternehmen festlegten, gehören Flexibilität und Innovationsfähigkeit zu den heutigen Erfolgsfaktoren.[1] Zunehmend mehr Unternehmen erkennen die Wichtigkeit von Kooperationen und den damit einhergehenden Nutzen, wie zum Beispiel Wettbewerbsvorteile.[2] Ein wesentliches Element für eine erfolgreiche Kooperation in regionalen Innovationsnetzwerken ist das Vertrauen unter den Akteuren,[3] gleichzeitig eröffnet Vertrauen aber die Gefahr opportunistischen Verhaltens, was die Kooperation wiederum problematisch erscheinen lässt. Ziel der vorliegenden Arbeit ist es wichtige Erkenntnisse aus den Vor- und Nachteilen regionaler Innovationsnetzwerken zu gewinnen und aus der Sicht der Prinzipal-Agent-Theorie (PAT) zu bewerten.

Zur Förderung des Verständnisses soll im zweiten Kapital eine theoretische Grundlage für die vorliegende Arbeit vorbereitet werden. Dabei werden die Merkmale von Innovationsnetzwerken sowie die Thematik der Neuen Institutionenökonomik, insbesondere die Prinzipal-Agent- und Transaktionskostentheorie (TAK) formuliert.

Das dritte Kapitel wird von den Vor- und Nachteilen regionaler Innovationnetzwerke begleitet. Hier werden Erklärungsansätze für und gegen regionale Innovationsnetzwerke unter der Betrachtung der Neuen Institutionenökonomik vorgestellt. Insbesondere die Prinzipal-Agent Theorie (PAT) liefert wertvolle Erkenntnisse für die Tragweite des Vertrauens und der Zusammenarbeit in kooperierenden Unternehmen.

Im vierten und letzten Kapitel werden auf Grundlage der gewonnen Erkenntnisse die wichtigsten Fakten aufgegriffen und ihre Bedeutung für regionale Innovationsnetzwerke herausgestellt und diskutiert.

---

[1] Vgl. MÄNNEL (1996), S.VII (Gleitwort).
[2] Auf die Unterschiede verschiedener Organisationsformen wie Markt, Hierarchie und Hybrid, wird nicht tiefer eingegangen. Für eine Übersicht und tiefere Erklärung wird auf PICOT/REICHWALD/WIGAND (2001), S. 50-55 verwiesen.
[3] Vgl. HIRSCH/ TIDELSKI (2002), S. 9.

2 Theoretische Grundlagen

In diesem Kapitel werden zur Bildung eines Grundverständnisses die Begrifflichkeiten, die für diese Arbeit von Bedeutung sind, definiert und erläutert.

2.1 Innovationsnetzwerke

Innovationsnetzwerke sind Netzwerkorganisationen, die auf die Entwicklung von Produkten und Prozessen und anders als strategische Unternehmensnetzwerke auf langfristige, flexible Kooperation gerichtet sind. Teilnehmern des Netzwerkes[4] wird es ermöglicht, die Ressourcen Information und Wissen, im engeren Sinne Know-how, durch Verknüpfungen im Netzwerk effizient und effektiv zu nutzen und untereinander auszutauschen.[5] Die im Zuge der Kooperation durch schnelle und effiziente Kommunikation der Netzwerkteilnehmer erlangte Überlegenheit gegenüber Kooperationsformen wie Allianzen und Joint Ventures ermöglicht es, neben kodifizierten Informationen, wie Publikationen etc., auch nicht-kodifizierte, d. h. nicht-öffentliche Informationen zu erhalten. Für die Netzwerkteilnehmer stellt dieses Privileg, der Zugang zu diesen Informationen, einen Vorteil der Zugehörigkeit zum Netzwerk dar.[6]

Eine besondere Art von Netzwerken bilden regionale Innovationsnetzwerke, auf die im Speziellen eingegangen werden soll. Porter (1998) spricht bei regionalen Netzwerken von Clustern.[7] Ein Cluster stellt eine Ansammlung von Unternehmen – insbesondere Forschungs- und Entwicklungseinrichtungen bei Innovationsnetzwerken – gleicher Industrie mit deren Abnehmern und Zulieferern dar, die sich durch räumliche Agglomeration auszeichnen.[8] Nach der Clustertheorie sind neben den Wettbewerbsvorteilen regionaler Netzwerke durch den Faktor Raum auch die Verfügbarkeit und der einfache Austausch von Ressourcen innerhalb eines Clusters von Vorteil. Diese Verfügbarkeit von Ressourcen sorgt

---
[4] Hier wird unter einem Netzwerk eine Verknüpfung zwischen Wirtschaftsakteuren verstanden, die auf Kooperation aus sind. Vgl. HIRSCH/ TIDELSKI (2002), S. 9.
[5] Vgl. BLÖCKE/ JÜRGENS/ MEISSNER (2009), S. 18.
[6] Vgl. PREISSL, S. 1 f.
[7] Vgl. PORTER (1998), S. 4f.; Im weiteren Verlauf der Arbeit wir jedoch der Begriff Cluster nicht weiter verwendet.
[8] Vgl. STAEHLE (1999), S. 746.

gleichzeitig für die Attraktivität des Standortes.[9] Durch Flexibilität und Interaktionen können kleine und mittelständische Unternehmen in regionalen Innovationsnetzwerken die Stärken von Großunternehmen in Form von umfangreichem sozialen und finanziellem Kapitals kompensieren.[10]

Die räumliche Nähe ist vor allem beim Austausch des nicht-kodifizierten Wissens von Bedeutung. Darüber hinaus impliziert räumliche Nähe gleichzeitig eine begrenzte räumliche Reichweite, die einen breiten Wissenszugang möglicherweise beschränken kann. Daher ist ein Netzwerk mit differenzierten Teilnehmern sowie national und international agierende Netzwerke für einen breiten Wissenszugang von Bedeutung. Der Faktor Raum mit seinen möglichen Vorteilen sollte unter diesem Aspekt nochmals begutachtet werden.[11]

Die Basis für eine Analyse bilden sowohl der PAT –Ansatz als auch die Transaktionskostentheorie, die ihre Zugehörigkeit in der Neuen Institutionenökonomik finden.

2.2 Prinzipal-Agent-Theorie

Die Prinzipal-Agent Theorie untersucht die Beziehung zwischen mindestens zwei Akteuren,[12] wobei die Akteure die Rolle des Prinzipals (Auftraggeber) und die Rolle des Agenten (Auftragnehmer) im Hinblick auf vorhandener asymmetrischer Informationsverteilung annehmen können. Für die Analyse wird angenommen, dass die Akteure nutzenmaximierend orientiert sind. Des Weiteren wird angenommen, dass sie bei kollektiven Maßnahmen und Kooperationen opportunistisch und begrenzt rational handeln und unter der Prämisse einer ungewissen und unsicheren Zukunft Entscheidungen fällen müssen. Unter Opportunismus versteht man die Verfolgung eigener Interessen, ohne dabei vor List, Täuschung und Irreführung zurück zu schrecken.[13] Eine Weitergabe von Informationen

---

[9] Vgl. PREISSL, S. 3.
[10] Vgl. MÄNNEL (1996), S. VII (Gleitwort); Vgl. HIRSCH/ TIDELSKI (2002), S. 9.
[11] Vgl. Frauenhofer ISI, S. 4.
[12] Der Einfachheit halber werden hier nur zwei Akteure in Betracht gezogen und ihre Risikoneigung weitestgehend ausgeblendet.
[13] Vgl. BRAUN/ GUSTON (2003), S. 303-304.; Vgl. PYNDICK/RUBIUNFELD (2003), S. 852f.

ist somit zum Teil verzerrt oder gar nicht erst wahr. Unstrittig festzuhalten bleibt, dass nicht jedes Individuum ausnahmslos opportunistisch und böswillig agiert, allerdings erleichtern die beschriebenen Annahmen das Vorgehen der Arbeit, wenn einige - altruistische - soziale Faktoren ausgeblendet werden.[14]

Bei der PAT delegiert der Prinzipal - aus möglichen zeitlichen oder auf Fähigkeiten basierenden Gründen - Aufgaben und Entscheidungen an einen Agenten, der für seine Dienste honoriert wird. Somit wird der Agent einen Informationsvorsprung in und über seine Tätigkeiten gegenüber dem Prinzipal erhalten, da eine zweifelslos hundertprozentige Kontrolle seitens des Prinzipals nicht möglich ist. Aufgrund dessen wird der Agent nicht nur sein eigenes, sondern auch das Nutzenniveau des Prinzipals beeinflussen können.[15] Weiterhin ist anzunehmen, dass die Interessen von Agent und Prinzipal nicht eindeutig kongruent sind, da der Agent als auch der Prinzipal versuchen werden ihren eigenen Nutzen zu maximieren, d.h. der Prinzipal erwartet volle Einsatzbereitschaft vom Agenten, während der Agent gleichzeitig mit Minimum an Einsatz, das Maximum erzielen möchte.[16] Aufgrund der Annahme, dass die Akteure opportunistisch und begrenzt rational handeln werden, können durch Such- und Kontrollmaßnahmen bedingte Kosten – gleichzusetzen mit Transaktionskosten- für die Kontrolle und die Beschaffung von Informationen entstehen.[17] Für die Entwicklung und die gemeinsame Zusammenarbeit in regionalen Innovationsnetzwerken, entstehen zusätzlich in den einzelnen Phasen, vom ersten Kontakt bis hin zur Kooperation, Kosten für die Anbahnung, Vereinbarungskosten, Kontrollkosten und die Anpassungskosten.[18] Weiterhin beschreibt eine Transaktion einen Tauschprozess, eine gegenseitige Übertragung von Verfügungsrechten an Gütern zwischen den Akteuren. Dieser Austausch von Leistung und Gegenleistung verursacht Transaktionskosten.[19] Ziel des PAT ist es mit bestimmten

---

[14] Vgl. SYDOW (2010), S. 114.
[15] Vgl. BORCHERT/ URSPRUCH (2003), S. 45.
[16] Vgl. STÖß (2007), S. 77.
[17] Vgl. ERLINGHAGEN (2004), S. 39-41.
[18] Vgl. HIRSCH/ TIDELSKI (2002), S. 10-11.
[19] Vgl. PICOT/REICHWALD/WIGAND (2001), S. 48-50.

Anreizmechanismen und bestimmten Arrangements den Agenten dazu bewegen im eigenen Interesse des Prinzipals zu handeln, um die dabei anfallenden Transaktionskosten zu reduzieren. Es gibt einige Möglichkeiten durch bestimmte Anreize die Handlungen des Agenten zu beeinflussen. Je nach zeitlichem Bezug können Probleme ex ante oder ex post auftreten. Ex ante Probleme resultieren aus vorvertraglichen Interessensunterschieden und asymmetrischer Informationsverteilung und bilden das Problem der Adverse Selection[20]. Ex post Probleme treten erst nach Vertragsabschluss auf und werden dem Problem des Moral Hazard zugeordnet.[21] Doch beide Problemfelder teilen die Defizite der Informationsasymmetrie und die mit ihr einhergehende Problematik der effizienten und effektiven Interaktionen.

Mögliche Instrumente gegen ex ante Probleme bieten hier die Maßnahmen wie Signaling und Screening an. Während Signaling vom Agenten zur Reduzierung vorvertraglicher Informationsasymmetrien zu seinen Gunsten ausgeht, vergleichbar wie ein Gütesiegel, Informationen über beispielsweise die Qualität und die Sicherheit einer Sache zu übermitteln,[22] gehen die Aktivitäten beim Screening vom Prinzipal aus. Durch Screeningmaßnahmen kann der Prinzipal versuchen seine durch Informationsdefizite schlechter gestellte Stellung durch Einholen von Informationen über die Gegenseite zu reduzieren.[23] Mögliche Maßnahmen den Problemen wie Hidden Action und Hidden Information bei ex post Problemen entgegenzuwirken bieten hier das Monitoring und die leistungs- und erfolgsabhängige Honorierung an. Als Monitoring wird die Maßnahme der Überwachung bezeichnet. Hier kann der Prinzipal durch mögliche Vorkehrungen die Handlungen des Agenten beobachten und die

---

[20] Infolge von Informationsasymmetrien zwischen den Akteuren kommt es zu einer Negativauslese, Produkte/Dienstleistungen mit hoher Qualität und hohen Preisen werden aufgrund von Qualitätsunsicherheiten der Abnehmer vom Markt verdrängt. Für einen tieferen Einblick wird auf AKERLOF (1970), S. 488 f. verwiesen.
[21] Vgl. PICOT/REICHWALD/WIGAND (2001), S. 56-60.
[22] Vgl. PYNDICK/ RUBINFELD (2003), S. 841- 842.
[23] Vgl. ALPARSLAN (2005), S. 29.

„versteckten" Tätigkeiten des Agenten werden für den Prinzipal verifizierbar.[24]

Neben der klassischen Annahme des PAT mit einem Prinzipal und einem Agenten, stellt die Konstellation in einem Team eine Beziehung der Akteure dar, in der sie sowohl Prinzipal als auch Agenten sind. In dieser Konstellation - hier die horizontale Kooperation - ist jeder Kooperationsteilnehmer Prinzipal und Agent, weil Anweisungen erteilt und gleichzeitig Anweisungen von anderen Kooperationsteilnehmern entgegen genommen werden um zum kollektiven Ertrag des Teams und dem des eigenen beizutragen. Eine Problematik, die sich bei kooperierenden Firmen zeigt, ist der Anreiz auf Lasten der anderen zu leben und über ihren Erfolg zu profitieren. Eine zweifelslose Verifizierung der Kooperationspartner ist auch hier nicht gegeben.[25] Insbesondere die Kontrolle und die Durchsetzung von Verfügungsrechten sind mit hohen Transaktionskosten verbunden.[26] Verfügungsrechte fixieren den Rahmen von zulässigen und unzulässigen Handlungen zwischen einer Gemeinschaft und stellen die gesetzlichen Regelungen der Property-Rights dar. Die Nichtbeachtung der Regelung kann bei ordnungswidrigem Vorgehen zu Sanktionen führen. Unter Verwendung dieser Rechte werden für bestimmte Handlungen Preise festgelegt. Betroffen davon sind die Nutzung, die Veränderung und die Veräußerung sowie die Besitznahme der Gewinne aus der Verwendung.[27]

Vor diesem Hintergrund der geschilderten Problematik bei regionalen Innovationsnetzwerken, sollen zur Förderung des Verständnisses regionale Innovationsnetzwerke mit den Ansätzen der Neuen Institutionenökonomik untersucht und anschließend ihre Vor- und Nachteile konkretisiert und ihre Bedeutung für die Unternehmen definiert werden.

---

[24] Vgl. BORCHERT/ URSPRUCH (2003), S. 47; Vgl. GÖBEL (2002), S. 115.;
[25] Vgl. ERLEI/ LESCHKE/ SAUERLAND (2007), S. 111.; Vgl. BORCHERT/ URSPRUCH (2003), S. 48.
[26] Vgl. JOST (2001), S.455.
[27] Vgl. ERLEI/ LESCHKE/ SAUERLAND (2007), S. 294.

3 Regionale Innovationsnetzwerke und ihre Bedeutung

Mit der Globalisierung und den immer schneller wachsenden Märkten steigt die Bedeutung regionaler Innovationsnetzwerke. Zunehmender Konkurrenzdruck erhöht die Anforderungen an die Unternehmen und fordert besondere Leistungsmerkmale um sich auf dem Markt zu etablieren.[28] Insbesondere für klein- und mittelständische Unternehmen wird es schwieriger dem Wettbewerbsdruck großer Unternehmen Widerstand zu leisten.[29] Kooperationen in Netzwerken bieten den Unternehmen die Möglichkeiten, ihr Unternehmensstreben zu verfolgen und ihre Leistungsmerkmale zu steigern sowie weiter zu entwickeln. Vor allem für klein- und mittelständische Unternehmen stellt die Kooperationsform in einem Netzwerk Vorteile dar, die ohne eine Zusammenarbeit nicht oder nur schwer zu ermöglichen wären.[30]

Zur Förderung des Verständnisses, soll im nächsten Abschnitt der Phasenweise Aufbau eines Netzwerkes vom ersten Kontakt bis hin zur Kooperation vorgestellt werden.

3.1 Aufbau und Entwicklung eines Innovationsnetzwerkes

Die Gründung eines regionalen Innovationsnetzwerkes sollte gut durchdacht sein. Hierfür ist eine Phasenweise Planung von großer Bedeutung.[31]

Die erste von fünf Phasen bildet die Kontaktaufnahme zwischen den Unternehmen.[32] Zu beachten in dieser Phase sind Harmonie und die konvergierende Philosophie untereinander. Bei geringer Übereinstimmung kann es zu Interaktionsproblemen und somit zur ineffizienten Kooperation kommen.[33] In dieser Phase findet lediglich nur ein marktbezogener Austausch statt. Aufgrund der nicht manifestierten Vertrauensbasis ist die Vernetzung, und damit die Kooperation noch in den Anläufen der Zu-

---

[28] Vgl. PICOT/REICHWALD/WIGAND (2001), S. 291.
[29] Vgl. HIRSCH/ TIDELSKI (2002), S. 9.
[30] Vgl. FREITAG (1998), S. 10-11.
[31] Vgl. SCHEER/ZALLINGER (2007), S. 9.
[32] Vgl. FISCHER/HUBER, S. 6.
[33] Vgl. SCHEER/ZALLINGER (2007), S. 8.

sammenarbeit und jedes Unternehmen verfolgt seine individuelle Strategie. In Phase zwei folgt der Informationsaustausch. Das Vertrauensverhältnis zwischen den Unternehmen wächst und neben den individuellen Strategien bilden sich Schnittstellen. Diese Annäherungsphase kann als Informationsnetzwerk klassifiziert werden. In Phase drei folgt die Kommunikation. Die Vertrauensschranken öffnen sich und tiefere Einblicke in Attribute und Zielvorstellungen werden ermöglicht. Erste Anpassungen und Veränderungen erfolgen und gemeinsame Management- und Koordinationsprozesse werden gebildet. Diese Entwicklung kann als Kommunikationsnetzwerk bezeichnet werden, die bis hin zu Phase vier übergeht und die Grundlage für die Interaktion bildet. In Phase vier entwickeln sich gemeinsame Strategien. Der Austausch von substanziellen Informationen und speziellen Ressourcen gewähren den Unternehmen an kollektiven Projekten zu arbeiten und durch gegenseitige Erneuerungen und ermöglichter Transparenz neue Perspektiven zu erschließen. In Phase vier beginnt der Aufbau eines Innovationsnetzwerkes das eine Verknüpfung an Phase fünf bildet. Durch funktionierende Interaktionen sind Handlungen und Aufgaben der Netzwerkpartner festgelegt und jedes Unternehmen leistet seinen Beitrag zum gemeinsamen Erfolg. Nachdem das Vertrauen zwischen den Unternehmen gefestigt wurde und erste gemeinsame Ziele verfolgt werden, stellen der Zutritt und der Austausch von nicht-kodifizierten Informationen in Phase fünf die Grundlage für eine erfolgreiche Kooperation dar.

Dieser denkbare Aufbau eines regionalen Innovationsnetzwerkes verhilft einen Überblick über den Verlauf der Entstehung zu gewinnen, wobei bestimmte Faktoren wie Zeit und interne sowie externe Einflüsse und noch weitere mögliche Faktoren, die den Verlauf der Entwicklung verändern können, nicht beachtet werden.[34]

Im Folgenden soll basierend auf den Ansätzen der Neuen Institutionenökonomik, eine Abwägung der Vor- und Nachteile von regionalen Innovationsnetzwerken auf ihre Bedeutung für Unternehmen analysiert und bewertet werden.

---

[34] Vgl. FISCHER/HUBER, S. 6-8.

3.2 Gründe für regionale Innovationsnetzwerke

Unternehmen haben erkannt die Stärken von Konkurrenten/Partnern für sich zu nutzen. Insbesondere der Zugang zu zusätzlichen Ressourcen – einem breiteren Wissenspool - ermöglicht und erleichtert die unternehmenseigene Entwicklung und den Fortschritt. Unter anderem Faktoren wie Zeit, Know-How und die Verteilung des Risikos bei Projekten stellen klare Vorteile im Netzwerk dar.[35]

3.2.1 Nutzung komplementären Wissens und Risikoteilung

Kooperationen - in regionalen Innovationsnetzwerken - ermöglichen den Unternehmen an wissenswerte Informationen zu gelangen. Vor allem nicht-kodifizierte Daten geben den Netzwerkteilnehmern das Privileg der Nutzung und Anwendung. Unternehmen, die diese Informationen für sich nutzen können, stehen im Vergleich zu anderen analogen Unternehmen im Vorteil, da diese nur in Netzwerken kommuniziert werden und gewöhnlich nicht für andere frei zugänglich sind.[36] Die Nutzung dieser Informationen wäre ohne die Zugehörigkeit an ein Netzwerk nicht oder nur durch kostspieligere Maßnahmen erreichbar.[37] Daher erfüllt die Agglomeration insbesondere bei nicht-kodifizierten Informationen eine wichtige Aufgabe,[38] denn die Besonderheit von Informationen ist, dass nur durch ihre Existenz nach ihr gefragt werden kann.[39] Einen zusätzlichen Vorteil um unternehmerische Unsicherheiten zu reduzieren bieten regionale Innovationsnetzwerke in Form von Risikoteilung an. Neben der horizontalen Kooperation schafft die Kundenkooperation weitere Möglichkeiten der Risikoreduzierung. Ein Zusammenspiel mit Lead Usern (Endnachfrager von Leistungen) ermöglicht es Unternehmen Defizite in ihren Produkten und Dienstleistungen schneller zu erkennen und teilweise mit Hilfe von ihnen zu verbessern.[40]

---

[35] Vgl. BECKER/DIETZ (2003), S. 5.
[36] Vgl. PREISSL, S. 1-2.
[37] Vgl. HIRSCH/TIDELSKI (2002), S. 9.
[38] Vgl. Frauenhofer ISI, S. 4.
[39] Vgl. PREISSL, S. 4.
[40] Vgl. FREITAG (1998), S. 12.

Durch Kooperationen werden so Lernmethoden erzielt, die den wirtschaftlichen Erfolg von vernetzten Unternehmen wiedergeben.[41]

3.2.2 Zeit- und Wettbewerbsvorteile

Eine besondere Eigenschaft von Netzwerken ist die kollektive Bereitstellung gebündelter Leistungen der einzelnen Unternehmen. PREISSL spricht hier von Konsortien, die in Zusammenarbeit durch Flexibilität und partnerschaftlicher Leistung Wettbewerbsvorteile herausarbeiten können. Allerdings setzt ein Konsortium die Voraussetzung von Vertrauen voraus. Das Vertrauen beinhaltet die Diskretion und das Pflichtbewusstsein der Netzwerkteilnehmer das aufgebaut werden muss. Hierzu dienen gemeinsame Versammlungen auf Konferenzen und informierende Kommunikation. Nachdem das Vertrauen untereinander aufgebaut und ein gewisses Niveau an Verbundenheit geschaffen ist, ermöglicht die Teilnahme an einem Netzwerk Vorteile heraus zu arbeiten, die den Unternehmen Such-, Kontroll- und Informationskosten ersparen können.[42]

HIRSCH und TIDELSKI sprechen hier vom Abbau der Transaktionskosten. Eine Senkung der Anbahnungskosten könnte aus der räumlichen Nähe entstehen. Face-to-face Kontakte ermöglichen es den Unternehmen geeignete Partner allein aus ihrer im Netzwerk bekannten Reputation ausfindig zu machen. Ebenso ermöglichen konvergierende Wertvorstellungen Verhandlungskosten zu mindern. Auch die Kommunikationshürden können überwunden werden und tragen zum Abbau von Vereinbarungskosten bei. Die im Netzwerk unter den Netzwerkteilnehmern aufgebaute Vertrauensbasis verhelfen Kontrollkosten zu reduzieren, denn ein abweichen von Zusagen und Versprechen gehen mit Vertrauenseinbußen und schlechter Reputation einher, die sich die Teilnehmer am Netzwerk nicht leisten können. Schlechte Reputation in einem Netzwerk wird schnell publik und sorgt für eine nachteilige Position des Unternehmens innerhalb der Agglomeration. Somit wird das Risiko opportunistischen Handels dezimiert. Anpassungskosten in Form von Verände-

---

[41] Vgl. Frauenhofer ISI, S. 3 u. 7.
[42] Vgl. PREISSL, S. 2-6.

rungen werden durch gemeinsame Zielvorstellungen und gemeinsames Handeln reduziert.[43]

Insgesamt können die Teilnahme und die Interaktion in Netzwerken für vielerlei Vorteile sorgen. Risikominderung (durch gemeinsame Projekte), Innovationsbeschleunigung (durch parallele Prozesse), Kostensenkungen (durch kollektive Anschaffung) und Produktions- und Qualitätssteigerungen (durch Schnittstellen) sind einige der wichtigen Vorteile die Netzwerkteilnehmer gegenüber ihrer Konkurrenten (nicht Netzwerkteilnehmern) besitzen. Allerdings sind einige Vorteile mit Gefahren verbunden und mit Vorbehalt zu betrachten.[44]

Der folgende Abschnitt soll auf diese Gefahren aufmerksam machen und erläutern.

3.3 Gefahren für regionale Innovationsnetzwerke

Viele Unternehmen erkennen die Vorteile regionaler Innovationsnetzwerke, doch wenige wissen über ihre Risiken bescheid. Von der Kontaktaufnahme bis hin zur Kooperation. Dies ist kein leichter Weg, Stolpersteine türmen sich auf und Kooperation ist nicht immer gleich Kooperation. Wichtig ist zu wissen, für wen sich eine Kooperation in einem Netzwerk lohnt und für wen nicht. Die Gefahren von Abhängigkeit und opportunistischem Handeln sollten nicht unterschätzt werden. Hierfür soll im nächsten Abschnitt auf einige Gefahren und Risiken aufmerksam gemacht werden.

3.3.1 Risiko, Unsicherheit und opportunistisches Verhalten

Der Zugang sowie der Austritt in ein bestehendes und funktionierendes Netzwerk ist nur schwer zu vollziehen und mit Nachteilen verbunden. Auf mittel- bis langfristiger Sicht kann das Problem der Exklusion zu Nachteilen führen. Durch anhaltende Kooperationen kann sich eine Passivität und Indolenz entwickeln.[45] Daher müssen Netzwerke zugänglich

---

[43] Vgl. HIRSCH/TIDELSKI (2002), S. 10-11.
[44] Vgl. HIRSCH/TIDELSKI (2002), S. 9.; Vgl. FREITAG (1998), S. 5.
[45] Vgl. PREISSL, S. 4-5.

und dynamisch sein, ansonsten können Netzwerke die Entwicklung der Unternehmen beeinträchtigen.[46] Auch mangelnde Kooperation in Verbundenheit mit geringem Vertrauen sowie unterschiedlichen Wert- und Zielvorstellungen können Stolpersteine für Kooperationen in Netzwerken sein.[47] Werden die Erwartungen an die Kooperation in Netzwerken nicht erfüllt, besteht die Wahrscheinlichkeit bei externen Angeboten anderer Mitstreiter auf Kosten der Netzwerkteilnehmer auszusteigen. Dieses opportunistische Verhalten würde jedoch aus Reputationsgründen eher unwahrscheinlich sein. Zumal es in Netzwerken nicht unüblich ist, dass sich spezifische Kooperationen entwickeln und für die Produktion spezielle auf die Kooperationsunternehmen basierende Maschinen eingesetzt werden. Somit besteht ein Abhängigkeitsverhältnis zwischen den Netzwerkteilnehmern.[48] Die Besonderheit dieser Abhängigkeit wird als Lock In Effekt bezeichnet. EWERHART und SCHMITZ geben das Beispiel der Automobilindustrie. Der Zulieferer ist von der Abnahme des Auftraggebers abhängig und muss seine Produktion an die Vorgaben des Abnehmers anpassen. Durch diese Abhängigkeit bestehen die Gefahren des opportunistischen Verhaltens seitens des Auftraggebers, der für die Abnahme der Produkte unwirtschaftliche Konditionen verlangen und diese auch aufgrund der Abhängigkeit durchsetzen kann. Denn mit Spezifität steigen die Transaktionskosten.[49] Eine besondere Art von Lock In Effekten stellen strukturelle Lock In Effekte dar. Sie beschreiben das Problem der Verschlossenheit in Netzwerken. Netzwerkteilnehmer befinden sich in einer Gemeinschaft, die einer externen Aufnahme von Neuerungen wenig Beachtung schenken. Lediglich interne Gedanken und Ideen können Impulse für Innovationen lösen. Durch diese Isolierung besteht die Gefahr den Anschluss sowie eine Wettbewerbsgrundlage zu verlieren. Anders als bei strukturellen Lock In Effekten handelt es sich bei technologischen - pfadabhängigen – Lock In Effekten um die konkurrierende Verbreitung und die Adoption der Innovationen. Obwohl möglicherweise bessere Innovationen zu effizienteren Leistungen führen können, führt

---

[46] Vgl. Frauenhofer ISI, S. 4.
[47] Vgl. SCHEER/ZALLINGER (2007), S. 8.
[48] Vgl. HIRSCH/TIDELSKI (2002), S. 12.
[49] Vgl. EWERHART/SCHMITZ (1997), S. 2.

die schnelle Verbreitung der Innovation und ihre Adaption zu einem Innovationsvorsprung, der möglicherweise nicht mehr auszugleichen ist.[50] Ein gutes Beispiel liefert hier die von Christopher Latham Sholes im Jahre 1868 entwickelte Tastaturbelegung. Obwohl es effizientere Tastaturbelegungen gibt, mit der man Zeit und Energie einsparen kann, wird aus Gründen der „Gewohnheit", die aus der amerikanischen Tastaturanordnung übernommene QWERTY-Anordnung[51] beibehalten. Die Rede ist von der Pfadabhängigkeit. Hat sich ein System einmal etabliert, ist die Veränderung dieses Systems nur schwer durchzusetzen.[52] Gewohnheit und blindes Vertrauen können für Probleme innerhalb eines Netzwerkes sorgen und die Entwicklung der Unternehmen hemmen. Daher ist eine grundsätzliche Nützlichkeit von Netzwerken nicht durchwegs gegeben.

3.3.2 Kooperation unter Informationsasymmetrie

Eine Kooperation unter asymmetrischer Informationsverteilung ist kaum ohne Transaktionskosten vorstellbar. In Punkt 3.2.2 wurde vorgestellt, wie einige Kosten reduziert und eingespart werden können. Allerdings ist unter dem zentralen Aspekt opportunistischen Verhaltens grundlegend wichtig die Kosten für den Aufbau des Vertrauens und die Koordination im Netzwerk nicht zu ignorieren. Vorvertragliche Maßnahmen wie Signaling und Screening mögen wesentliche Instrumente für eine richtige Vorauswahl gewesen sein, doch opportunistisches Verhalten steigt mit dem Grad der Unsicherheit und der Transaktionskosten.[53] Je dichter und größer ein Netzwerk wird, steigen die Kosten. Vertrauen und räumliche Nähe als Instrumente für eine funktionierende Kooperation scheinen hier nicht ausreichend. Denn ein Übermaß an Vertrauen kann sich zum blinden Vertrauen entwickeln und diese kann im Falle des Lock In Effektes zu Ideenrestriktion führen oder aber das Kooperationsverhältnis wird vom Kooperationspartnern wie im Beispiel Zulieferer und Abnehmer ausgenutzt.[54] Mögliche Maßnahmen dem entgegenzuwirken wären vorab

---

[50] Vgl. STROTEBECK (2010), S. 151-152.
[51] In Deutschland die QWERTZ-Anordnung.
[52] Vgl. OEDER (2002), S. 1; Vgl. LIEBOWITZ/MARGOLIS (1997), S. 1.
[53] Vgl. JENSEN (2004), S. 21.
[54] Vgl. STROTEBECK (2010), S. 151-152,: Vgl. Vgl. EWERHART/SCHMITZ (1997), S. 2.

vereinbarte Sanktionen bei nicht Einhaltung oder aber auch auf Gewinnbeteiligung ausgelegte Verträge und seine Kontrolle. Dies setzt aber ein Vertragsverhältnis voraus, dass in regionalen Innovationsnetzwerken nicht üblich ist.[55] Eine Methode funktionierende Kooperation ohne vertragliche Bindung zu erklären bietet hier die Spieltheorie an. Die Spieltheorie ist ein Verfahren, in dem Spieler strategische Entscheidungen unter sozialen Konfliktsituationen, d.h. in Abhängigkeit an die Handlungen und die Reaktionen der Mitspieler, treffen müssen. Ziel ist es eine individuell optimale Strategie mit dem höchsten Ergebnis zu bestimmen. Eine Unterscheidung folgt in nichtkooperative (bindende Verträge sind nicht realisierbar) und kooperative Spiele (bindende Verträge sind möglich). Das nach John F. Nash benannte Nash-Gleichgewicht stellt bei nichtkooperativen Spielen die Lösungsentscheidung dar, in der die einzelnen Spieler zur keiner Zeit einen Vorteil bei einer Abweichung der gewählten Entscheidung erzielen würden. Das Nash-Gleichgewicht bildet das kollektiv optimale Ergebnis.[56] Um spieltheoretische Einsichten über die Bedeutung der Entscheidungen von Unternehmen in Netzwerken zu erhalten soll anhand des bekannten Beispiels „Gefangenendilemma" gezeigt werden, warum Akteure unter Unsicherheit, bedingter Rationalität und Opportunismus Kooperationen eingehen, obwohl keine verpflichtenden Verträge vorliegen. Die Akteure haben in diesem Spiel die Wahl der Strategie „Kooperation" oder „keine Kooperation" zu wählen. Der individuell höchste zu erzielende Output liegt bei der Strategie „keine Kooperation". Daher werden beide Akteure, die für sie bessere Alternative auswählen, die jedoch kollektiv gesehen suboptimal ist. Diese Strategiekombination lässt sich nur dann vermeiden, wenn das Spiel unendlich oft wiederholt wird, bis einer der beiden Akteure von der Kooperation abweicht. Von da an werden beide Akteure die Strategie „keine Kooperation" wählen. Zu erklären ist dieser Ansatz mit der „Wie du mir, so ich dir" Strategie. Diese Strategie hilft zu verstehen, warum Kooperationen in Netzwerken ohne bindende Verträge funktionieren können.[57]

---

[55] Vgl. Frauenhofer ISI, S. 2.
[56] Vgl. PINDYCK/RUBINFELD (2003), S. 650-651 u. S. 605.
[57] Vgl. BORCHERT/URSPRUCH (2003), S. 51-52.

4 Fazit

Grundsätzlich stehen Unternehmen vor der Aufgabe sich im Markt zu etablieren und wettbewerbsfähig zu bleiben. Hier bieten sich Netzwerke als geeignete Organisationsformen an, die für stabile Kooperationen sorgen können.[58] Gerade für kleine- und mittelständische Unternehmen ermöglicht das Bilden eines Netzwerks, der Stärke von Großunternehmen entgegenzuwirken.[59] Sie erhalten den Zugang zu Technologien und wichtigen Informationen. Darüber hinaus tragen regionale Innovationsnetzwerke dazu bei, dass sich neue wichtige Unternehmen und Forschungseinrichtungen ansiedeln. Neben dem Wissenspool bietet sich in Netzwerken oft auch qualifiziertes Personal an. Des Weiteren trägt räumliche Nähe zur Reduzierung von Transaktionskosten bei, in der Such-, Kontroll- und Informationskosten weitestgehend gemindert werden.[60] Diese Vielfalt sorgt für Innovationspotenzial und eine verbesserte Entwicklung für die Unternehmen. Deutlich wird dies durch den wirtschaftlichen Erfolg von Netzwerkteilnehmern.[61] Allerdings sind die Kooperation und die Koordination von Netzwerken mit Vorsicht zu beachten. Die auf Vertrauen basierende Kooperation könnte in Verbindung mit opportunistischem Verhalten zu Problemen innerhalb der Netzwerke führen. Mit Hilfe von Ansätzen der Neuen Institutionenökonomik, insbesondere der PAT, der TAK und der Spieltheorie wurde gezeigt, wo Schwachstellen entstehen und wie sie behoben werden können. Jedoch muss zusammenfassend festgehalten werden, dass sowohl die PAT und TAK also auch die Spieltheorie nur begrenzt die Vor- und Nachteile regionaler Innovationsnetzwerke bewerten können, da aufgrund von angenommenen Hypothesen und begrenzter Messbarkeit Untersuchungen vorgenommen wurden. Es kann in diesem Zusammenhang nur hervorgehoben werden, dass regionale Innovationsnetzwerke vielerlei Möglichkeiten bieten unternehmerische Wettbewerbsvorteile zu erzielen. Interessant wäre zu analysieren, welche Fördermethoden- und mittel die Entstehung und Stabilität regionaler Innovationsnetzwerke unterstützen könnten.

---

[58] Vgl. PREISSL, S. 1.
[59] Vgl. HIRSCH/TIDELKSI (2002), S. 9.
[60] Vgl. PREISSL, S. 3-6.
[61] Vgl. Frauenhofer ISI, S. 7.

Anhang

Abbildung 1: Überblick der Prinzipal-Agent-Theorie

Unterscheidungskriterien \ Informationsasymmetrie	Hidden characteristics	Hidden action	Hidden intention
Informationsproblem des Principal	Qualitätseigenschaften der Leistung des Vertragspartners unbekannt	Anstrengung des Vertragspartners nicht beobachtbar bzw. nicht beurteilbar	Absichten des Vertragspartners unbekannt
Problemursache oder wesentliche Einflußgröße	Verbergbarkeit von Eigenschaften	Überwachungsmöglichkeiten und -kosten	Ressourcenabhängigkeit
Verhaltensspielraum des Agenten	Vor Vertragsabschluß	Nach Vertragsabschluß	Nach Vertragsabschluß
Problem	Adverse selection	Moral hazard	Hold up
Art der Problembewältigung	Beseitigung der Informationsasymmetrie durch Signalling/Screening, Self-Selection / Interessenangleichung	Interessenangleichung / Reduzierung der Informationsasymmetrie (Monitoring)	Interessenangleichung

Abb. 2-12: Principal-Agent-Theorie im Überblick (in Anlehnung an Picot / Dietl / Franck 1999, S. 91)

Quelle: PICOT/REICHWALD/WIGAND (2001), S. 60.

Abbildung 2: Phasenweiseentwicklung eines Netzwerkes

Kontakt	Annäherung	Kommunikation	Interaktion	Kooperation	Phase
Marktbezogener Austausch	Informationsaustausch	Austausch strategischer Informationen	Ressourcenaustausch	Austausch von implizitem Wissen	Austauschprozesse
Individuelle Strategien	Individuelle Strategien Identifikation von Schnittstellen	Gemeinsame Innovationsziele Schnittstellenoptimierung Steuerungsmechanismus	Entwicklung kollektive Strategie	Steuerungsmechanismus etabliert Klare Position der Akteure	Koordinations-/Steuerungsprozesse
(Single Loop Learning)	Single Loop Learning	Double Loop Learning	Ressourcenpool Anpassung Werte/Normen	Deutero Learning Netzwerkkultur	Lern- und Anpassungsprozesse
KEIN NETZWERK	INFORMATIONSNETZWERK	KOMMUNIKATONSNETZWERK		INNOVATIONSNETZWERK	

Quelle: FISCHER/HUBER, S.6.

Abbildung 3: Gefangenendilemma

	keine Kooperation	Kooperation	
keine Kooperation	-4, -4	-1, -7	Kollektiv betrachtet bester erzielbarer Output.
	-7, -1	-3, -3	

Quelle: Eigene Darstellung in Anlehnung an PYNDICK/RUBINFELD, S. 623.

Literaturverzeichnis

AKERLOF, G. (1970): „The Market for Lemons: Qualitative Uncertainty and the Market Mechanism", In: Quarterly Journal of Economics 84, Nr. 3, S. 488f..

ALPARSLAN, A. (2005): „Strukturalistische Prinzipal-Agent-Theorie – Eine Reformulierung der Hidden-Action-Modelle aus der Perspektive des Strukturalismus", S.29.

BECKER, W./ DIETZ, J. (2003): „Stellenwert und Bedeutung von Innovationsnetzwerken für Unternehmensgründungen", Volkswirtschaftliche Diskussionsreihe, Beitrag Nr. 237, S. 5.

BLÖCKE, A./ JÜRGENS, U./ MEISSNER, H-R. (2009): „Innovationsnetzwerke und Clusterpolitik in europäischen Automobilregionen – Impulse für Beschäftigung", S.18.

BORCHERT, M./ URSPRUCH, T. (2003): „Unternehmensnetzwerke", Diskussionsbeiträge der Fakultät Wirtschaftswissenschaften der Universität Duisburg-Essen, Nr.300, S. 45-52.
http://www.vip-net.info/VIP_NET_INF/MODULES94EE.PDF
(Zugriffsdatum: 30. März 2011).

BRAUN, D./ GUSTON, D.-H. (2003): "Principal–agent theory and research policy": an introduction - Science and Public Policy, volume 30, 302–308, Beech Tree Publishing, 10 Watford Close, Guildford, Surrey GU1 2EP, England, S. 303-304.

ERLEI, M./ LESCHKE, M./ SAUERLAND, D. (2007): „Neue Institutionenökonomik", 2.Auflage, S. 111, 294.

ERLINGHAGEN, M. (2004): „Die Restrukturierung des Arbeitsmarktes", VS Verlag für Sozialwissenschaften, S. 39-41.

EWERHART, C./SCHMITZ, P.W. (1997): "Der Lock in Effekt und das Hold up Problem", MPRA Paper No. 6944, posted 31. January 2008, S. 2.
http://mpra.ub.uni-muenchen.de/6944/1/MPRA_paper_6944.pdf
(Zugriffsdatum: 30. März 2011).

FISCHER, B./ HUBER, F.: „Innovationserfolg durch vertikale Vernetzung, Kolumnentitel", S. 6-8.
http://www.kreativ-sein.de/d/d/dlartikel_files/Innovationsnetzwerke.pdf
(Zugriffsdatum: 26. März 2011).

Frauenhofer Institut Systemtechnik und Innovationsforschung (Fraunhofer ISI) (2004): „Evaluierung und Weiterentwicklung der Netzwerkstrategie des Freistaates Sachsen", S. 2-7.
http://www.networking-works.net/download/netzwerkstrategie-sachsen.pdf
(Zugriffsdatum: 26. März 2011).

FREITAG, M. (1998): „Die Bedeutung der Kooperation für den Innovationserfolg kleiner und mittlerer Unternehmen", Beitrag zu den Dresdner Innovationsgesprächen, 5.-6.5.1998, Dresden, S. 5, 10-12.
http://home.arcor.de/mafr/dd98.pdf (Zugriffsdatum: 12. März 2011).

GÖBEL, E. (2002): „Neue Institutionenökonomik: Konzeptionen und betriebswirtschaftliche Anwendungen", S. 115.

HIRSCH, B./ TIDELSKI, O. (2002): „Virtuelles Beziehungsgeflecht auf Vertrauensbasis – Entstehung und Förderung regionaler Innovationsnetzwerke", Wirtschaftsmanagement – Zeitschrift für Innovationen 4/02, S. 9-12.

JENSEN, O. (2004): „Key-Account-Management" - Gestaltung – Determinanten – Erfolgsauswirkungen, S. 21.

JOST, P.J. (2001): „Der Transaktionskostenansatz in der Betriebswirtschaftslehre", S. 455.

LIEBOWITZ, S./ MARGOLIS, S. (1997): „Der Pfad ins Unglück" - Wir sind zum Schreiben auf einer mißgestalteten Tastatur verdammt - dabei gäbe es viel bessere Lösungen. So lautet eine beliebte Verschwörungstheorie. Zwei Ökonomen bringen jetzt die Wahrheit ans Licht. Die Zeit Nr. 04, S. 1.
http://www.wisonet.de/webcgi?START=A60&DOKV_DB=ZEIT&DOKV_NO=01971721730NX&DOKV_HS=0&PP=1
(Zugriffsdatum: 14. März 2011).

MÄNNEL, B. (1996): „Netzwerke in der Zulieferindustrie – Konzepte-Gestaltungsmerkmale-Betriebswirtschaftliche Wirkungen", S.VII – S. 7.

OEDER, W. (2002): „Qwertys Programm" - Q W E R T Y (Z) - die Anordnung der Buchstaben auf Schreibmaschinentastaturen - gibt Rätsel auf: Weshalb hat dieser unergonomische und letztlich ineffiziente Tastatur-Standard in den letzten 130 Jahren allen Veränderungen getrotzt? Ist die Änderungsresistenz als Modus und Medium des technologischen Wandels zu verstehen?, Basler Zeitung, S. 1.
http://www.wisonet.de/webcgi?START=A60&DOKV_DB=BAZ&DOKV_NO=0802310118&DOKV_HS=0&PP=1
(Zugriffsdatum: 14. März 2011).

PICOT, A./REICHWALD, R./WIGAND, R. T. (2001): „Die grenzenlose Unternehmung: Information, Organisation und Management, S. 48-60, 291.

PORTER, M.E. (1998): „Clusters and the New Economics of Competition", Havard Business Review, Reprint 98609, S. 4.
http://www.wellbeingcluster.at/magazin/00/artikel/28775/doc/d/porterstudie.pdf?ok=j
(Zugriffsdatum: 24. März 2011).

PREISSL, B. Deutsches Institut für Wirtschaftsforschung e.V.: „Cluster und Vernetzung – Netzwerke und Wettbewerb", S. 1-6.
http://www.diw.de/sixcms/detail.php?id=diw_01.c.42419.de
(Zugriffsdatum: 24. März 2011).

PYNDICK, R.-S./ RUBINFELD, D.-L. (2003): „Mikroökonomie", Pearson Studium, S. 605, 623, 650-651, 841-842.

SCHEER, G./ ZALLINGER, V. L. (2007): „Cluster Management – Handbuch Teil A: Überblick", S. 8-9. http://www.gtz.de/de/dokumente/de-wirtschaft-cluster-management-teil-a-2007.pdf (Zugriffsdatum: 03. April 2011).

STAEHLE, W.- H. (1999): „Management - Eine verhaltenswissenschaftliche Perspektive", S. 746.

STÖß, I. (2007): „Globalisierung als strategisches Erfolgskonzept: Eine theoretische und empirische Analyse der Banken im Wettbewerb", S. 77.

SYDOW, J. (2010): „Management von Netzwerkorganisationen – Beiträge aus der Managementforschung", S.114.

STROTEBECK, F. (2010): „Regionale Innovationsökonomik – Vier Aufsätze zur Innovationsleitung, Agglomeration und Netzwerkstruktur der deutschen Biotechnologie", Inauguraldissertation, Fakultät für Wirtschaftswissenschaften der Ruhr-Universität Bochum, S. 151-152.